BEI GRIN MACHT SICH IHR WISSEN BEZAHLT

- Wir veröffentlichen Ihre Hausarbeit,
  Bachelor- und Masterarbeit

- Ihr eigenes eBook und Buch -
  weltweit in allen wichtigen Shops

- Verdienen Sie an jedem Verkauf

Jetzt bei www.GRIN.com hochladen
und kostenlos publizieren

Bibliografische Information der Deutschen Nationalbibliothek:

Die Deutsche Bibliothek verzeichnet diese Publikation in der Deutschen National-bibliografie; detaillierte bibliografische Daten sind im Internet über http://dnb.d-nb.de/ abrufbar.

Dieses Werk sowie alle darin enthaltenen einzelnen Beiträge und Abbildungen sind urheberrechtlich geschützt. Jede Verwertung, die nicht ausdrücklich vom Urheberrechtsschutz zugelassen ist, bedarf der vorherigen Zustimmung des Verla-ges. Das gilt insbesondere für Vervielfältigungen, Bearbeitungen, Übersetzungen, Mikroverfilmungen, Auswertungen durch Datenbanken und für die Einspeicherung und Verarbeitung in elektronische Systeme. Alle Rechte, auch die des auszugsweisen Nachdrucks, der fotomechanischen Wiedergabe (einschließlich Mikrokopie) sowie der Auswertung durch Datenbanken oder ähnliche Einrichtungen, vorbehalten.

Impressum:

Copyright © 2017 GRIN Verlag
Druck und Bindung: Books on Demand GmbH, Norderstedt Germany
ISBN: 9783346077219

Dieses Buch bei GRIN:

https://www.grin.com/document/494097

Felix Jöst

Trainingslehre. Ein fitnessökonomischer Plan zur Fettreduktion

GRIN Verlag

GRIN - Your knowledge has value

Der GRIN Verlag publiziert seit 1998 wissenschaftliche Arbeiten von Studenten, Hochschullehrern und anderen Akademikern als eBook und gedrucktes Buch. Die Verlagswebsite www.grin.com ist die ideale Plattform zur Veröffentlichung von Hausarbeiten, Abschlussarbeiten, wissenschaftlichen Aufsätzen, Dissertationen und Fachbüchern.

Besuchen Sie uns im Internet:

http://www.grin.com/

http://www.facebook.com/grincom

http://www.twitter.com/grin_com

Deutsche Hochschule für
Prävention und Gesundheitsmanagement
Hermann Neuberger Sportschule 3
66123 Saarbrücken

Einsendeaufgabe

Fachmodul: Trainingslehre 1

Studiengang: Fitnessökonomie

**Datum
Präsenzphase:**

Matrikelnummer:

Name, Vorname:

Studienort:

Semester: SS 2017

Inhaltsverzeichnis

1 Lösung Aufgabe 1

1.1 Allgemeine und biometrische Daten

Zur Erhebung der allgemeinen und biometrischen Daten wurden ein Anamnesegespräch, sowie eine In-Body-Messung durchgeführt. Diese Daten sind von großer Bedeutung, da sie die Grundlage einer individuellen Trainingsplanerstellung bilden.

Tabelle 1: Allgemeine Biometrische Daten

Alter	56
Geschlecht	Männlich
Körpergröße	165 cm
Körpergewicht	92 kg
Trainingsmotive	Fettreduktion
Berufliche Tätigkeit	Polizeibeamter
Aktuelle und frühere sportliche Aktivität	- Aktuell keine sportliche Aktivität - Früher Fußball im Verein
Zeitlicher Verfügungsrahmen	2-3 / Woche

Kunde XY ist ein 56 Jahre alter Polizeibeamter, der überwiegend einer sitzenden Tätigkeit am Computer nachgeht. Seine Freizeitgestaltung sieht sehr ähnlich aus. Sportliche Aktivitäten gibt er keine an.

Herr XY hat starkes Übergewicht, Hypertonie und gibt Rückenschmerzen im Bereich der Hals- und Brustwirbelsäule an.

Der Bluthochdruck ist vom Arzt diagnostiziert und er ist medikamentös gut eingestellt.

Tabelle 2: Allgemeiner Gesundheitszustand

Orthopädische Probleme	Keine
Internistische Probleme	Keine
Ärztliche Behandlung	Arterielle Hypertonie
Einnahme von Medikamenten	Blutdrucksenkende Medikamente
Sonstige gesundheitliche Einschränkungen	keine

Hinsichtlich der Rückenschmerzen gibt der Kunde auf einer Schmerzskala von 1 - 10 eine 8 an. Diese treten nach längerem Sitzen auf.

Aufgrund der diagnostizierten Hypertonie Stufe 1 ist bei der Trainingsplanung darauf zu achten, dass bei den ausgewählten Übungen der Kopf nicht unter die Höhe des Herzens kommt, da ansonsten die Gefahr eines erhöhten Blutdrucks während des Trainings besteht. Des Weiteren sollte bei der Einweisung der Übung auf die korrekte Atemtechnik hingewiesen werden und eine Pressatmung vermieden werden.

Tabelle 3: Blutdruck und In-Body-Messung

	Person XY	Normwerte	Bewertung
Blutdruck	142 / 95 mmHg	120 / 80 mmHg	Hypertonie Typ 1
Ruhepuls	85	60 - 80	erhöht
BMI	33,79 kg/m²	18,5 - 24,9 kg/m²	Adipositas
Körperfett in %	35 %	10 - 20 %	weit über dem Durchschnitt

1.2 Krafttestung

Der Krafttest hat eine besondere Bedeutung bei der Erstellung eines Trainingsplanes. Er dient zur Einschätzung des individuellen Leistungsstandes des Kunden. Im Fall von Herrn XY wurde anhand des Anamnesegesprächs schon deutlich, dass keinerlei Trainingserfahrung vorhanden ist. Aus diesem Grund kommt der Maximalkrafttest (1-RM-Test) nicht in Frage, da dieser nur für Fortgeschrittene sinnvoll wäre.

Die Intensitätsbestimmung durch das subjektive Belastungsempfinden wäre ebenfalls der falsche Ansatz, da ein Anfänger diese Belastungsgrenzen nicht kennt.

Aufgrund der genannten Argumente wird ein Mehrwiederholungskrafttest (X-RM-Test) durchgeführt. Dieser Krafttest wird vor jedem Mesozyklus durchgeführt, um das maximale Gewicht für die vorgegebene Wiederholungszahl herauszufinden.

Zu Beginn des Krafttest wärmt sich der Kunde allgemein auf dem Cross-Trainer auf. Aus Tabelle 4 lässt sich das spezielle Aufwärmen am Gerät entnehmen, welches anschließend durchgeführt wird.

Tabelle 4: Aufwärmsätze

1. Satz	50 % des Testgewichts	5 - 7 WH
2. Satz	70 % des Testgewichts	3 - 4 WH
3. Satz	80 % des Testgewichts	1 - 2 WH

Das Einstiegsgewicht wird hier durch den Trainer geschätzt.

Nach dem Aufwärmen werden dann maximal 3 Testsätze durchgeführt zur Bestimmung des optimalen Gewichts für die vorgegebene Wiederholungsanzahl des jeweiligen Zyklus.

Nach jedem Testsatz wird eine Minute pausiert. Dieses Verfahren wird anschließend auf jede Übung des Trainingsplans angewandt.

Aus Tabelle 5 lassen sich nun die Krafttestergebnisse für den zweiten Mesozyklus entnehmen. Anhand dieser gewonnenen Daten lässt sich der Zyklus hinsichtlich Progression und Periodisierung planen.

Tabelle 5: Krafttestung nach X-RM - Test

Übung	Wieder-holungen	1. Testsatz	2. Testsatz	3. Testsatz	Ergebnis
Rumpfflexion an der Bauchmaschine	12	30 kg - 18 WH	35 kg - 15 WH	40 kg - 12 WH	40 kg
Beinpresse	12	75 kg - 15 WH	80 kg - 13 WH	85 kg - 11 WH	85 kg
Hip Thrust im Glute Builder mit einem Widerstandsband	12	3kg - 20 WH	4 kg - 16 WH	6 kg - 13 WH	6 kg
Frontziehen am Turm	12	35 kg - 18 WH	40 kg - 13 WH	45 kg - 11 WH	45 kg
Brustpresse	12	45 kg - 15 WH	50 kg - 10 WH	-	50 kg
Rudermaschine	12	35 kg - 14 WH	40 kg - 12 WH	-	40 kg
Butterfly reverse	12	10kg -18 WH	15kg - 15 WH	20 kg - 12 WH	20 kg

2 Lösung Aufgabe 2

Zielsetzung / Prognose

Tabelle 6: Zielsetzung / Prognose

Inhalt	Ausmaß	Zeit
Körperfettreduktion	von 35 % auf 30 %	6 Monate
Schmerzlinderung	Schmerzskala von 4 auf 8	6 Monate
Regelmäßiges Training	2-3 mal / Woche	6 Monate

Tabelle 6 beschreibt Inhalt, Ausmaß und Zeit der Zielsetzung des Kunden. Diese Ziele wurden anhand des Anamnesegesprächs herausgearbeitet.

Die Wichtigkeit realistischer Ziele für Herrn XY ist hier besonders wichtig. Da er noch nie Sport getrieben hat, ist es von großer Bedeutung, die Zielsetzung so zu gestalten, dass der Kunde auf jeden Fall seine Ziele erreicht und somit ein langfristiges Training angestrebt werden kann.

Das größte Anliegen des Kunden ist die Körperfettreduktion. Dies wird mittels der In-Body-Messung festgestellt. Er möchte gerne 5 % seines Körperfetts verlieren. Dies ist ein realistisches Ziel, welches er mittels Krafttraining erreichen wird.

Als weiteres Ziel gibt Herr XY eine Schmerzlinderung im Bereich des Rückens an. Angegeben wurden die Schmerzen auf einer Skala von 1- 10, wobei 1 keine Schmerzen bedeutet und 10 Schmerzen, welche kaum auszuhalten sind. Hierbei gab Herr XY eine 8 an. Ziel ist es nun diese Schmerzen durch gezielte Stärkung der Rückenmuskulatur und des Gesäßmuskels zu reduzieren. Ebenfalls wird an der Haltung von Herrn XY gearbeitet, da diese durch die jahrelange sitzende Tätigkeit in Beruf und Freizeit die Rückenprobleme begünstigen.

Schlussendlich möchte der Kunde eine regelmäßige sportliche Betätigung in seine Freizeitgestaltung einbauen. Er möchte 3-mal in der Woche zum Sport kommen und das über einen Zeitraum von 6 Monaten. Dieses Ziel ist enorm wichtig um die restlichen Ziele zu erreichen und ein nachhaltiges gesundheitsorientiertes Krafttraining in den Alltag des Kunden einzubauen.

3 Lösung Aufgabe 3

Trainingsplanung Makrozyklus

Tabelle 7: Makrozyklusplanung

	Mesozyklus 1	Mesozyklus 2	Mesozyklus 3	Mesozyklus 4
Dauer	6 Wochen	7 Wochen	7 Wochen	6 Wochen
Trainingsmethodik	Kraftausdauer	Muskelaufbau (extensiv)		Maximalkraft (extensiv)
Organisationsform	GK / Zirkel	GK / Station	GK / Station	GK / Station
Häufigkeit / Woche	3	3	3	3
Übungen / Muskel	1 - 2	1 - 2	1 - 2	1 - 2
Sätze / Übung	3	3	3	3
Intensität	50 - 70 % ILB	50 - 70 % ILB	50 - 70 % ILB	50 - 70 % ILB
Wiederholungen	20	12	8	5

Aus Tabelle 7 kann man die Makrozyklusplanung von Herrn XY entnehmen. Dieser ist wiederum in 4 einzelne Mesozyklen aufgegliedert.

Mesozyklus 1 wird als Orientierungsphase genutzt, da Herr XY ein Anfänger ist, der noch nie in einem Fitnessstudio trainiert hat. Ziel hierbei ist es die Übungen und insbesondere den Bewegungsablauf jeder einzelnen Übung kennenzulernen.

Des Weiteren wurde in diesem Zyklus das Hauptaugenmerk auf Kraftausdauer gelegt, um eine Verbesserung des anaerob-laktaziden Stoffwechsels zu erreichen. Außerdem wird durch die hohe Wiederholungszahl eine verbesserte Laktattoleranz bei länger andauernden Belastungen erzielt.

Nach dieser Orientierungsphase beginnen das extensive und danach das intensive Muskelaufbautraining. Der Schwerpunkt der Makrozyklusplanung liegt auf diesen beiden Phasen, da es für den Kunden wichtig ist Muskelmasse aufzubauen, sodass die gesetzten Ziele realisiert werden können.

Durch das Aufbauen von Muskelmasse erfolgt eine verbesserte Rekrutierung, sowie Frequentierung motorischer Einheiten, was zur Folge hat, dass der Kunde ein höheres Kraftniveau erreicht und somit im Alltag belastbarer wird.

Des Weiteren erhöht sich der Grundumsatz von Herrn XY durch das Aufbauen von Muskelmasse, was die Fettreduktion begünstigt.

Diese beiden Phasen der Hypertrophie dauern insgesamt 14 Wochen, was somit den Schwerpunkt des Makrozyklus darstellt.

Anschließend kommt nochmals ein sechswöchiger Mesozyklus in dem der Kunde in den Maximalkraftbereich übergeht. Hier steht primär die Kraftsteigerung, aber auch die Muskelhypertrophie im Fokus.

Nach jedem Zyklus wird erneut ein X-RM-Test durchgeführt, um das optimale Gewicht für die neu vorgegebene Wiederholungszahl zu ermitteln.

4 Lösung Aufgabe 4

Trainingsplanung Mesozyklus

Im Weiteren wird der zweite Mesozyklus (Hypertrophie extensiv) detailliert erläutert. Herr XY hat sich nun 6 Wochen an die Geräte und die Belastung gewöhnt und beginnt nun mit einem hypertrophieorientierten Krafttraining Muskelmasse aufzubauen. Als Organisationsform ist ein Ganzkörpertraining vorgesehen mit dem Schwerpunkt der Rückenkräftigung. Diese Art des Trainings ist für den Kunden optimal, da er somit bei 3 Einheiten in der Woche eine perfekte Balance aus Regeneration und Belastung hat. Die Pausenzeiten und die Wiederholungszahl wurden so gewählt, dass der Trainingsumfang nicht zu groß wird. Die Intensität wird vor jedem Mesozyklus mithilfe des X-RM-Tests bestimmt. Dieser dient als Grundlage zur Errechnung der Intensität mittels der ILB-Methode. Mit 50 - 70 % des Testergebnisses ermittelt man die optimale Intensität für Trainingseinsteiger. Eine langsame und kontrollierte Ausführung 2/0/2 (2 Sekunden exzentrische Phase, 0 Sekunden Umkehrpunkt, 2 Sekunden konzentrische Phase) ist für Herrn XY als Einsteiger ein gutes Bewegungstempo, da somit „ein Kompromiss zwischen ausreichend hoher Muskelspannung und ausreichend langer Spannungsdauer gefunden werden" (Gießling, Preuss et al., 2005). Tabelle 8 zeigt den dargestellten zweiten Mesozyklus.

Tabelle 8: ausgewählter Mesozyklus

Dauer	7 Wochen
spezifisches Trainingsziel	Hypertrophie extensiv
Einheiten / Woche	3
Organisationsform	GK
Übungen / Muskel	1 - 2
Sätze	3
Satzpausen	60 Sekunden
Wiederholungszahl	12
Intensität	50 - 70 % ILB
Bewegungstempo	langsam - kontrolliert

Aus Tabelle 9 lassen sich nun die ausgewählte Übungsauswahl, die Anzahl der Wiederholungen, die Sätze sowie die jeweiligen Satzpausen entnehmen.

Tabelle 9: Übungsauswahl Mesozyklus

Übung	Wiederholungen	Sätze	Satzpausen
Rumpfflexion an der Bauchmaschine	12	3	60 Sekunden
Beinpresse	12	3	60 Sekunden
Hip Thrust im Glute Builder mit einem Widerstandsband	12	3	60 Sekunden
Frontziehen am Turm	12	3	60 Sekunden
Brustpresse	12	3	60 Sekunden
Rudermaschine	12	3	60 Sekunden
Butterfly reverse	12	3	60 Sekunden

Zu Beginn wärmt sich Herr XY, wie vor jeder Trainingseinheit, 10 Minuten auf dem Cross-Trainer auf.

Danach fängt das Krafttraining mit der Rumpfflexion an der Bauchmaschine an. Er startet mit dieser Übung, da durch die sitzende Tätigkeit keine Rumpfspannung vorhanden ist. Durch die Rumpfflexion zu Beginn bekommt der Kunde ein Gefühl für diese Rumpfspannung, welche er im Alltag nicht hat. Diese Spannung ist für das gesamte Training von großer Bedeutung, da diese bei allen Übungen benötigt wird.

Als nächste Übung kommt die Beinpresse. Hier trainiert der Kunde primär die Oberschenkelvorderseite. Ebenfalls wird hierdurch die hintere Oberschenkelseite sowie das Gesäß bei der exzentrischen Bewegung trainiert. Die Beinpresse ist sehr gut für Herrn XY, da die Oberschenkelmuskulatur bzw. die Beinmuskulatur im Allgemeinen sehr wichtig ist im Alltag zur Fortbewegung. Zudem werden hierbei große Muskeln beansprucht welche viel Energie verbrauchen, was die Fettverbrennung ankurbelt.

Die anschließende Übung beansprucht primär die hintere Kette. Hier wird die hintere Oberschenkelseite, sowie das Gesäß trainiert. Bei dem sogenannten Hip Thrust am Glutebuilder wird mit einem Widerstandsband gearbeitet. Der Vorteil hierbei ist im Gegensatz zu der Variante mit der Stange, dass die Spannung am obersten Punkt am höchsten ist und somit das Gesäß beansprucht wird. Diese Übung ist ebenfalls sehr gut für den Kunden, da durch die Bürotätigkeit am Computer das Gesäß die ganze Zeit inaktiv ist und seine Aufgabe der Hüftstreckung im Alltag vernachlässigt. Diese Aufgabe wird dann von anderen Muskeln übernommen, deren primäre Aufgabe jedoch eine andere ist. Somit ist die Muskulatur ständig überfordert. Dies kann auch zu Fehlhaltungen führen, was ebenfalls Rückenschmerzen auslösen kann. Aus diesen genannten Gründen ist dies die perfekte Übung für Herrn XY. Zudem werden hierbei wieder große Muskeln trainiert, was die Fettverbrennung erneut antreibt.

Als nächste Übung kommt das Frontziehen am Turm zur Brust mit dem breiten Griff. Hierbei wird primär der breite Rückenmuskel trainiert. Da der Kunde seine Rückenschmerzen reduzieren möchte ist es besonders wichtig diesen zu kräftigen. Wichtig ist bei dieser Übung zu achten, dass der Kunde ohne Schwung arbeitet, da dieser aus dem Rücken genommen wird und dann eher zu Schmerzen führt als diese zu lindern.

Im Anschluss führt der Kunde die Brustpresse durch. Die primär beanspruchte Muskulatur ist hierbei der große Brustmuskel. Synergistisch beteiligt ist unter anderem auch der M. trizeps brachii. Dies ist auch wichtig dem Kunden zu erklären, dass bei seinem Ganzkörperplan synergistisch auch die Armmuskulatur beansprucht wird und aus diesem Grund hierfür keine spezielle Übung benötigt wird, da der Fokus auf der Rückenmuskulatur liegt. Bei der Brustpresse ist es wichtig darauf zu achten, dass die Schultern am Polster bleiben und die Schultern tief gehalten werden.

Darauf folgt die Gegenbewegung an der Rudermaschine. Hier werden große Teile des Rückens trainiert. Unter anderem wird hier wieder der große Rückenmuskel, der hintere Anteil des Deltamuskels, der Kapuzenmuskel, großer und kleiner Rautenmuskel und Untergrätenmuskel beansprucht. Die Vielzahl an Muskeln die bei dieser Übung beteiligt sind lassen erneut darauf schließen, dass viel Energie verbraucht wird und die Fettverbrennung besonders aktiv ist. Des Weiteren wird hier der Rücken erneut gestärkt, was für Herrn XY eine Schmerzlinderung bedeutet.

Als letzte Übung wird der Butterfly reverse ausgeübt. Diese Übung ist perfekt für eine aufrechte Haltung, welche der Kunde benötigt, da dieser durch die innenrotierten Schultern wahrscheinlich die Schmerzen in der Hals- und Brustwirbelsäule bekommt. Durch den Butterfly reverse im Untergriff wird der mittlere Anteil des Kapuzenmuskel sowie der hintere Anteil des Deltamuskel trainiert, welche für die aufrechte Haltung der Schulter verantwortlich sind. Bei der Ausführung ist darauf zu achten, dass die Schultern tief sind und die Schulterblätter bei der konzentrischen Bewegung zusammengeführt werden. Diese Übung wurde an den Schluss gelegt, da Herr XY das Training mit einer Übung beendet die primär der Aufrichtung dient. Ziel ist es dadurch dem Kunden ein Gefühl für eine gute Haltung zu vermitteln. Hierdurch bekommt Herr XY ein Gefühl für die richtige Haltung, wodurch er dieses Bewusstsein in den Alltag mit einfließen lassen kann und somit die Rückenschmerzen deutlich reduzieren wird.

Im Allgemeinen wird Maschinengeführtes Krafttraining durchgeführt, da der Kunde keinerlei Trainingserfahrung hat und durch die vorgegebene Bewegung der Maschine die Bewegungsausführung leicht erlenen kann. Des Weiteren ist das Verletzungsrisiko wesentlich geringer bei einem maschinengeführten Krafttraining. Im Laufe der Zeit kann der Kunde dann allmählich an Kabelzüge und freie Gewichte herangeführt werden. Der Schwerpunkt beanspruchter Muskulatur liegt auf der Rückenmuskulatur, da diese gekräftigt werden muss, sodass der Kunde eine deutliche Schmerzlinderung erhält. Ebenso wurde darauf geachtet, dass Herr XY im Verhältnis mehr Übungen ausführt, die eine Außenrotation der Schulter hervorrufen, als eine Innenrotation, welche eine ungünstige Haltung und daraus resultierende Rückenschmerzen begünstigen.

5 Lösung Aufgabe 5

Literaturrecherche

Tabelle 10: Studie 1

Wer hat die Studie durchgeführt?	D. Kirchhoff, S. Kopf, I. Böckelmann
In welchem Jahr wurde sie publiziert?	2015
Mit welchen Versuchspersonen wurde die Studie durchgeführt?	64 männliche Polizeibeamte mit chronisch lumbalen Rückenschmerzen im Durchschnittsalter von 47 Jahren teil
Wie sah der Versuchsaufbau aus?	Es gab eine Kontrollgruppe (32 Personen) die eine Gerätegestütztes Krafttraining durchführte und eine Experimentalgruppe (32 Personen) welche zusätzlich noch psychologisch-pädagogische-Interventionen erhielt.
Welche relevanten Ergebnisse und Schlussfolgerungen lieferte die Studie?	Eine gerätegestütze Krafttrainingstherapie der Rumpfmuskulatur kann die Beschwerden von Patienten mit chronisch lumbalen Rückenschmerzen deutlich lindern

D. Kirchhoff, S. Kopf, I. Böckelmann. (2015). Krafttrainingstherapie bei männlichen Polizeibeamten mit chronischen lumbalen Rückenschmerzen. *Zentralblatt für Arbeitsmedizin, Arbeitsschutz und Ergonomie*

Tabelle 11: Studie 2

Wer hat die Studie durchgeführt?	Stephan A, Goebel S, Schmidtbleicher D
In welchem Jahr wurde sie publiziert?	2011
Mit welchen Versuchspersonen wurde die Studie durchgeführt?	96 Teilnehmer mit Rückenschmerzen in Chronifizierungsstadium 1 mit moderatem Schmerzniveau, wobei 22 Teilnehmer die Studie aus verschiedenen Gründen abgebrochen haben
Wie sah der Versuchsaufbau aus?	Es gab eine Kontrollgruppe (16 Teilnehmer), die kein Krafttraining absolvierte. Die Trainingsgruppe (58 Teilnehmer) absolvierte ein progressives hypertrophieorientiertes Krafttraining an Trainingsmaschinen mit variablem Widerstand. Die Studie ging über einen Zeitraum von 6 Monaten und wurde multizentrisch ausgeführt.
Welche relevanten Ergebnisse und Schlussfolgerungen lieferte die Studie?	Der Trainingszeitraum betrug im Durchschnitt 24,5 Wochen und es wurde im Schnitt 1,6-mal pro Woche trainiert. 20 Personen der Trainingsgruppe waren am Ende der Studie schmerzfrei, davon hatten 9 mäßig/starke und 11 leichte/sehr leichte Schmerzen. Aus der Kontrollgruppe waren 6 Personen schmerzfrei, von denen jeweils 3 Personen leichte und mittlere Schmerzen angaben

Stephan A, Goebel S, Schmidtbleicher D. (2011). Effekte maschinengestützten Krafttrainings in der Behandlung chronischer Rückenschmerzen. *Deutsche Zeitschrift für Sportmedizin, 62(3)*1-6

Zusammenfassend lässt sich sagen, dass ein gerätegestützes Krafttraining bei Rückenschmerzen definitiv als sinnvoll erachtet wird und zu einer Schmerzreduktion führt. „Durch die Wechseldruckbelastung im Krafttraining wird der lokale Stoffwechsel aktiviert und normalisiert; die Empfindlichkeit des nozizeptiven Systems wird sowohl peripher als auch spinal und zentral herabgesetzt und somit die Schmerzwahrnehmung verändert" (Stephan A, Goebel S, Schmidtbleicher D, 2011).

6 Literaturverzeichnis

D. Kirchhoff, S. Kopf, I. Böckelmann. (2015). Krafttrainingstherapie bei männlichen Polizeibeamten mit chronischen lumbalen Rückenschmerzen. *Zentralblatt für Arbeitsmedizin, Arbeitsschutz und Ergonomie*

Gießling, J. (2005a). Intense single-set training for maximum muscular hypertrophy in bodybuilding. In J. Gießling, M. Fröhlich & P. Preuss (Hrsg.), *Current results of strength training research* (S.103-113). Göttingen: Cuvillier.

Prof. Dr. phil. Christoph Eifler. (2017). *Studienbrief Trainingslehre 1*.rev.17.020.000. Saarbrücken: DHfPG

Stephan A, Goebel S, Schmidtbleicher D. (2011). Effekte maschinengestützten Krafttrainings in der Behandlung chronischer Rückenschmerzen. *Deutsche Zeitschrift für Sportmedizin, 62(3)*1-6

7 Tabellenverzeichnis

Tabellenverzeichnis